Detta
är
Paris

Här är vi nu.

Förord

Det var under en semester i Paris som Miroslav Sasek inspirerades att skapa en serie reseguider till världens storstäder för barn. Då jag arbetade som förläggare i London 1958 visade han mig *Detta är Paris* och strax efter den kom *Detta är London*. Båda böckerna blev oerhört framgångsrika och i slutändan skrev Miroslav över ett dussin böcker. De roande textstyckena tillsammans med de charmiga illustration- erna gjorde denna serie helt unik och Sasek (som vi alltid kallade honom) vann internationell berömmelse i vida kretsar.

Jag gladdes enormt då jag fick höra att *Detta är Paris* åter ska ges ut så att en ny generation läsare får möjligheten att storögt bekanta sig med Saseks underbara värld.

– Jeffrey Simmons

Skriv ditt namn här.

Tukan förlag
www.tukanforlag.se
Översättning: Sara Bang-Melchior
Originalets titel: This is Paris
Omslag: centerpointdesign

Tryckt i översenskommelse med Simon & Schuster Books for Young Readers,
Simon and Schuster Children's Publishing Division

Tryckt i Kina

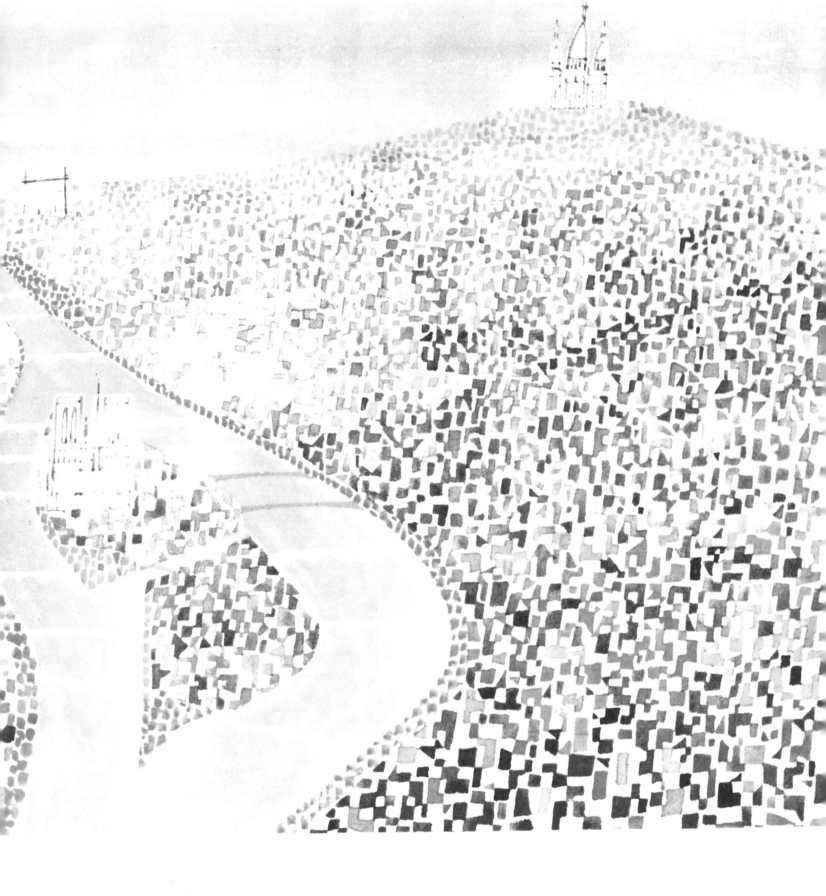

Och här, i Frankrikes huvudstad, bor tio miljoner
människor, här rinner en stor flod – Seine, här
finns dussintals med monument, dussintals med
kyrkor, dussintals med museer och… tusentals
katter.

Den här heter Kiki…

… och det här är Gaston.

Och här är Rita…

… som bor i mataffären. Men det bor förstås inte bara katter här, det finns även människor.

Den här damen kallas concierge.
Hon är ett slags skyddsängel, många
hus i Paris har en sådan.

Här kommer en madame med ett bröd långt som en pinne – en baguette.

Den här mannen målar av
Notre-Dame på trottoaren.

Det här är Notre-Dames kyrkvaktmästare.

Notre-Dame är en katedral. Det tog över 200 år att bygga den.
Första stenen lades 1163. Englands kung Henrik VI kröntes
här och det gjorde även Frankrikes kejsare Napoleon I.
Inuti tuppen som står på vindflöjeln finns en relik: delar av
Kristi törnekrona.

Här är själva Notre-Dame.

Efter en kort promenad från Notre-Dame kommer
vi till fågelmarknaden som är öppen om söndagarna.

Under franska revolutionen hölls drottning Marie-Antoinette,
revolutionsledarna Robespierre och Danton samt 2 300 andra
människor fängslade här innan de avrättades. I ett hörn av byggnaden
står klocktornet. Där sitter Paris äldsta offentliga klocka.
Den är från 1330.

Så här ser en busshållplats ut.

Och här kommer bussen.

Detta är vägen ner i Paris Métro
(tunnelbanan).

Här är perrongen.

Och här kommer tunnelbanetåget.*

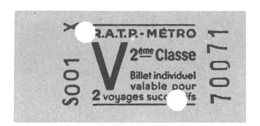

Och här är din biljett.

Det här är kapellet Sainte-Chapelle som uppfördes av kung Ludvig IX (kallad Ludvig den helige) för över 750 år sedan.

Det här är Pont-Neuf.

Det betyder "nya bron", men egentligen är
det Paris äldsta bro.

Det här är en nöjesbåt som
du kan ta dig en tur i på
floden Seine.

De här bokstånden hittar du längs med en kaj vid floden
Seine. Här kan du, förutom begagnade böcker, även köpa
kartor och planscher.

Det här är Paris äldsta kyrka, St Germain-des-Prés.
Den är nästan 1000 år gammal.

Det här är en bistro där man kan få
vad man vill att dricka – och kanske
även något att äta.

Det här är en "café-tabac",
här säljer de även andra saker
som tuggummi, kulspetspennor,
vykort och frimärken.
Det finns alltid en brevlåda i närheten.

Här är en annan brevlåda…

… och ytterligare en – inuti en gatlampa.

Det här är ett brand-larm…

… och en telefon som går till polisen.

Det här är Pantheon.

Här ligger många berömda fransmän
begravda: Rousseau, Voltaire, Victor Hugo
och många fler.

Det här är Jardin du Luxembourg.
Jardin betyder trädgård. Här kan man
hyra en liten segelbåt att leka med.

Det här är Les Halles, "hallarna". Det var Paris stora matmarknad, men det revs för fyrtio år sedan. I dag finns här ett underjordiskt shoppingcentrum i stället.*

Så här ser gatuförsäljare ut i Paris.

Så här kunde en bärare i
Les Halles se ut. En sådan
bärare kallades "un fort"– en
stark man – för att han kunde
bära en halv ko på sina axlar.

Här är en annan stark man.
Han lyfter tyngder ute på gatan.

Där kan du kanske få se en eldslukare också.

Det här är operan. Det är en av världens största teaterbyggnader.

Den är nästan lika hög som Notre-Dame.

Här är en blomsterflicka.

Den här kyrkan heter Madeleine och ser ut som
ett grekiskt tempel. Napoleon ville att den skulle
vara som ett tempel som hedrade hans soldater.

Detta torg heter Place Vendôme.
Kolonnen är gjord av 250 nedsmälta ryska och
österrikiska kanoner som Napoleon lade beslag
på efter slaget vid Austerlitz.

Det här är det republikanska gardet.

Nu tittar vi på världens mest berömda museum, Louvren.*

Om du går in kan du se Mona Lisa.

Här är hon. Det är Leonardo da Vinci
som har målat henne.

Den här triumfbågen kallas Arc de Triomphe du Carrousel.
Om du står under den kan du se rakt över till Arc de Triomphe
de l'Etoile som är flera kilometer bort.

Här är några exempel
på olika gatlampor
som du kan se i Paris.

Det här är Place de la Concorde. Under franska
revolutionen blev kung Ludvig XVI, drottning
Marie Antoinette och hundratals andra giljotinerade här.
Men namnet på platsen betyder "samförståndets torg".
Mitt på torget står Luxorobelisken som är över
3000 år gammal. Den har forslats hela vägen
hit från Egypten.

Den här gränden heter Rue du Chat qui Pêche, "den fiskande kattens gata". Den är bara två meter bred.

Och här är paradgatan Champs-Élysées som är 2,5 kilometer lång. Hela gatan kantas av stora affärer, caféer och biografer.

Vid slutet av gatan ligger en trädgård där man kan rida på åsnor.

Och vid andra ändan av gatan står triumfbågen
Arc de Triomphe de l'Etoile – den vi tidigare såg på
avstånd – som Napoleon lät bygga för att fira sina
krigssegrar. Mitt under triumfbågen finns den okände
soldatens grav.

Den här kyparen heter Marcel.
När du vill att han ska komma
till dig så ropar du garçon – "pojke"
– fast han är 60 år gammal!

Det här är herr Dupont. Han är
polis. Han blåser i sin visselpipa
och snurrar sin batong för att
dirigera trafiken.

Cyklande poliser har det funnits länge i Paris.
Förr var de så här eleganta och parisarna kallade
dem för hirondelles – "svalor".* Den här polisen
heter också herr Dupont.

Dupont är ett lika vanligt namn i Frankrike som Johansson är i Sverige.

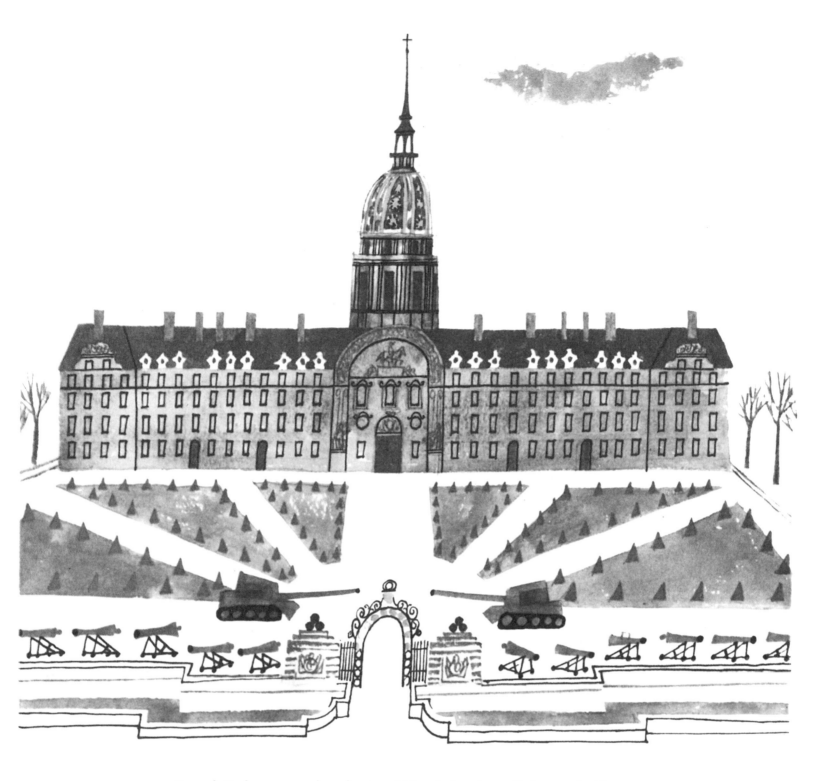

Den här byggnaden heter Hôtel des Invalides och lät
byggas av kung Ludvig XIV för åldrade och sjuka soldater.
Här inne ligger Napoleon begravd.

Alla har hört talas om
Eiffeltornet…

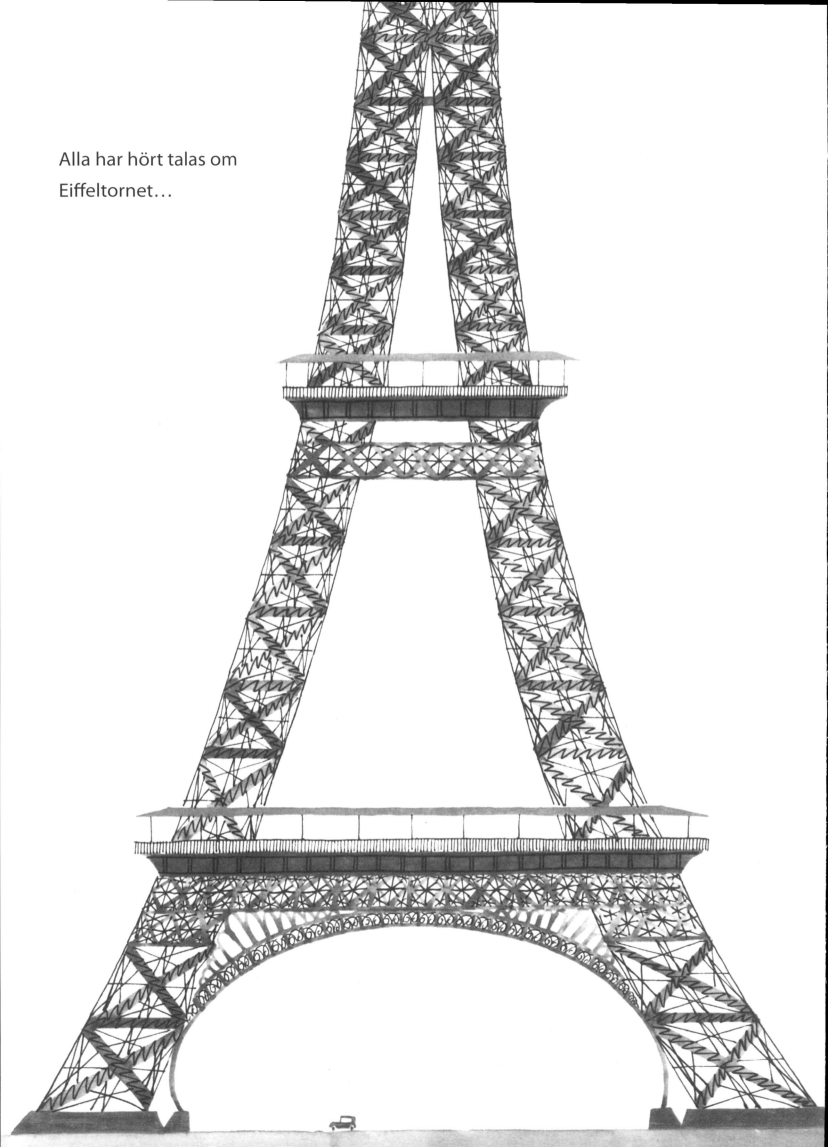

… som är 300 meter högt.
När du är högst upp kan du
se nästan 50 kilometer bort.
Om du vill upp dit måste du
gå upp för 1655 trappsteg –
om du inte tar hissen vill säga.

Den här statyn föreställer
Jeanne d'Arc.

Och det här är Jeanne d'Arc
när hon sitter i fängelse,
i museet Grèvin. Här kan du
se många berömda personer,
såväl historiska som moderna
– av vax.

Här är konstnärerna i Montmartre.
De målar av kyrkan Sacré-Coeur –
"heliga hjärtat" betyder det.

Och här är Sacré-Coeur på nära håll.
Går man uppför alla trapporna till kyrkan
så får man en fantastisk utsikt över staden.

Den här nunnan heter syster Marie.
Hon tillhör nunneorden
Saint-Vincent-de-Paul.

Men det här är ingen nunna. Denna dam
kommer från landet, från Bretagne, och
är i staden och hälsar på.

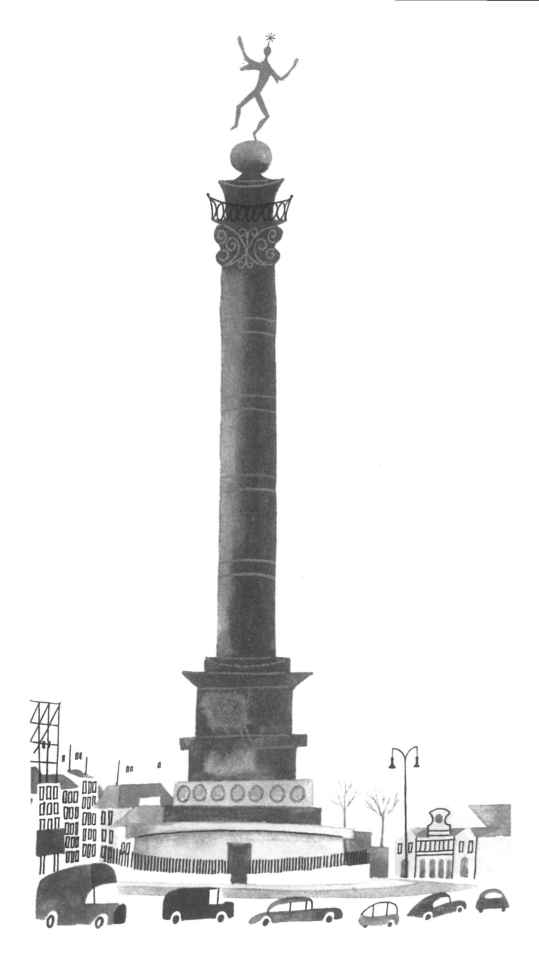

Denna kolonn står på torget Bastille. En gång i tiden
låg här fängelset Bastiljen. Under franska revolutionen
stormades det av folket.

I det här charkuteriet säljs bara hästkött.

Det här torget heter Place de Vosges. Författaren
Victor Hugo bodde i hus nummer sex.

I parken Jardin d'Acclimatation kan man få ett diplom av en riktig poliskonstapel om man är en god bilförare.

Och det här lilla tåget kör dig dit från Porte Maillot.

Det här är apornas paradis på Paris zoo.

Här är en loppmarknad där man kan köpa allt
från en trumpet eller ett periskop till ett
afrikanskt spjut.

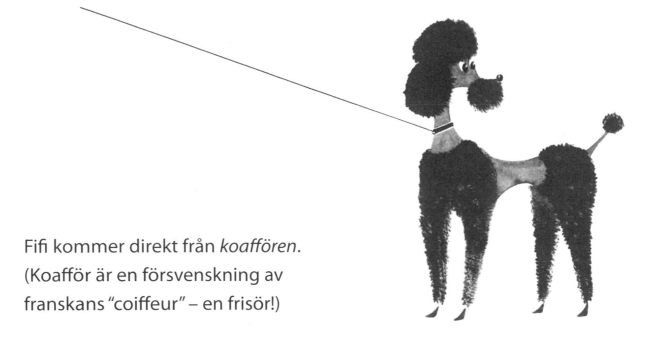

Fifi kommer direkt från *koaffören*.
(Koafför är en försvenskning av
franskans "coiffeur" – en frisör!)

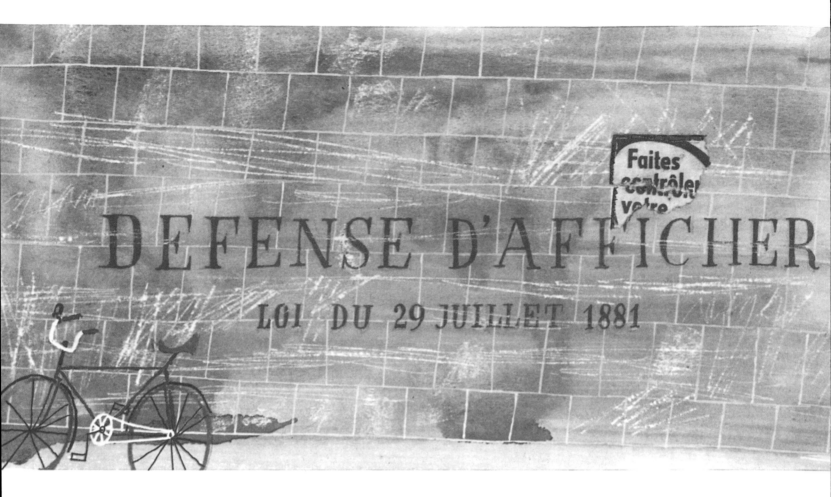

Ända sedan 1881 har det varit förbjudet att
sätta upp affischer på den här väggen.

Det här är en marockansk
mattförsäljare.

Det här är en kyrkogård för hundar som ligger vid bron Clichy.

Och här är det
SLUT.

Nu är dags för dig att se Paris med egna…

DETTA VAR PARIS, 1959:

*Sidan 18: När denna bok skrevs bestod tunnelbanetågen alltid av fem vagnar och den röda i mitten var en första klass-vagn. I dag har tågen sex vagnar och första klass avskaffades 1991.

*Sidan 29: Den stora matmarknaden Les Halles revs 1971 på grund av att de många lastbilar som varje morgon transporterade varor dit förpestade innerstadsluften. I dag kallas området Forum des Halles.

*Sidan 36: Sedan 1989 pryds entrén till Louvren av en stor pyramid av stål och glas.

*Sidan 44: I dag finns inte längre "hirondelles", men liksom i andra storstäder så finns det poliser som cyklar.